VENTE

du Samedi 2 Mars 1895

BEAUX

TABLEAUX MODERNES

Importantes Aquarelles

DESSINS

PARIS — 1895

PARIS — IMPRIMERIE GEORGES PETIT

12, RUE GODOT-DE-MAUROI, 12

CATALOGUE

DE

TABLEAUX MODERNES

PAR

ACHENBACH, BASTIEN-LEPAGE, BENNER
BERGERET, CAPOBIANCHI, COROT
COUDER, DAUBIGNY, DELACROIX, DECAMPS, DUMARESQ
FROMENTIN, L. HERMANN
HOGUET, LAUGÉE, MUNKACSY, SCHREYER
SEITZ, J. VERNET, ETC.

TRÈS BELLES AQUARELLES

PAR

DECAMPS, HEILBUTH, EUG. ISABEY, EUG. LAMI
L. LELOIR, ETC.

DESSINS

PAR

DECAMPS, J. DUPRÉ, ETC.

DONT LA VENTE AURA LIEU

HOTEL DROUOT, SALLE N° I

Le Samedi 2 mars 1895

A 3 HEURES

<hr>

COMMISSAIRE-PRISEUR	EXPERT
Me PAUL CHEVALLIER	M. EUG. FÉRAL, PEINTRE
10, Rue de la Grange-Batelière	54, Rue du Faubourg-Montmartre

EXPOSITIONS

PARTICULIÈRE : *Le Vendredi 1er Mars, de 1 h. 1/2 à 5 h. 1/2.*
PUBLIQUE : *Le Samedi 2 Mars (jour de la vente), de 1 h. à 3 heures.*

CONDITIONS DE LA VENTE

—

Elle sera faite au comptant.

Les acquéreurs payeront *cinq pour cent* en sus des adjudications.

Désignation

ACHENBACH

1 — *Marine*.

Signé.

Toile. Haut.. 77 cent.: larg.. 95 cent.

BASTIEN-LEPAGE

2 — *Paysan*.

Toile. Haut.. 00 cent.: larg.. 00 cent.

BENNER

(EMMANUEL)

3 — *Les Baigneuses*.

Toile. Haut.. 115 cent.: larg.. 145 cent.

BENNER

(EMMANUEL)

4 — *Femme nue.*

Toile. Haut., 70 cent.; larg., 60 cent.

BERGERET

5 — *Le Plat d'huîtres.*

Tableau ayant figuré au Salon de 1882.

Toile. Haut., 80 cent.; larg., 120 cent.

BOL

(FERDINAND)

6 — *Portrait d'homme.*

Toile ovale. Haut., 85 cent.; larg., 70 cent

CAPOBIANCHI

7 — *Chez le Cordonnier.*

Dans un salon Louis XV, deux jeunes femmes, l'une d'elles, debout essaye un soulier que le cordonnier vient de lui présenter; l'autre, assise devant elle, s'appuie sur un guéridon.

Signé à gauche.

Panneau. Haut.. 46 cent.; larg.. 57 cent.

COROT

8 — *Paysage aux environs d'Arras.*

Signé à droite.

Toile. Haut.. 34 cent.; larg.. 50 cent.

COROT

9 — *Ruines dans la campagne de Rome.*

Belle étude.

Toile. Haut.. 21 cent.; larg.. 32 cent.

COUDER

(ALEXANDRE)

(Deux pendants)

10 — *Fruits et Fleurs.*

Toiles. Haut., 64 cent.; larg., 53 cent.

CROME

(DIT OLD CROME)

11 — *Paysage avec chaumière; Environs de la Tamise.*

Toile. Haut., 37 cent.; larg., 53 cent.

DAUBIGNY

12 — *Le Pont de Mantes.*

Esquisse, signée à gauche.

Bois. Haut., 33 cent.; larg., 55 cent.

DAUBIGNY

13 — *Plage, à marée basse.*

Signé à gauche.

Bois. Haut.. 25 cent.: larg., 48 cent.

DELACROIX

(EUGÈNE)

14 — *Faust et Marguerite.*

Signé à droite.

Toile. Haut.. 28 cent.: larg.. 22 cent.

DECAMPS

15 — *Paysans longeant une rivière.*

Ébauche.

Toile. Haut.. 53 cent. Larg. 81 cent.

DECAMPS

16 — *Soldats campés dans les rochers.*

Très beau pastel signé du monogramme
et daté : *65*.

Haut., 26 cent.; larg., 41 cent.

DECAMPS

17 — *Portrait de l'artiste.*

Très beau dessin rehaussé.

Haut., 20 cent.; larg., 16 cent.

DECAMPS

18 — *Turc fumant son narguilé.*

Dessin à l'estompe, rehaussé.

Haut., 26 cent.; larg., 20 cent.

DECAMPS

19 — *Mendiante à la porte d'une église.*

Dessin à la sépia.

Haut., 21 cent.; larg., 17 cent.

DUMARESQ

(ARMAND)

20 — *La lecture de l'Annuaire de la Cavalerie.*

Salon de 1894.

Toile. Haut., 88 cent.; larg., 115 cent.

DUMARESQ

(ARMAND)

21 — *Chasseur à pied, en avant-garde.*

Bois. Haut., 35 cent.; larg., 26 cent.

DUMARESQ

(ARMAND)

22 — *Zouaves au repos.*

Bois. Haut., 35 cent.; larg., 26 cent.

DUPRÉ

(JULES)

**23 — *Paysage aux environs de Fontai-
nebleau.***

Crayon noir rehaussé de blanc.

Signé et daté : *1836.*

Haut., 26 cent.; larg., 43 cent.

FROMENTIN

24 — *Cavaliers arabes.*

Haut., 33 cent.; larg., 52 cent.

GUIGNET

(ADRIEN)

25 — *Soldats campés dans les rochers, s'exerçant au tir à l'arc.*

Bois. Haut.. 48 cent.; larg.. 90 cent.

HEILBUTH

(F.)

26 — *Le parc de Bagatelle.*

De jeunes dames causent, assises au bord d'une pièce d'eau et auprès de massifs de pivoines roses.

Très belle et importante gouache, signée et datée : *1881.*

Haut.. 53 cent.; larg.. 74 cent.

HERMANN

(LEO)

27 — *Après le Sermon,*

HERVIER

28 — *Le Page endormi.*

Toile. Haut., 32 cent.; larg., 24 cent.

HOGUET

(CHARLES)

29 — *Le Pont.*

Une rivière bordée, à gauche, par une prairie où paissent quelques vaches, à droite par de grands arbres. Plus loin un pont et au fond une ville.

Signé à gauche : *1854.*

Toile. Haut., 69 cent.; larg., 98 cent.

ISABEY

(EUGÈNE)

30 — *Le Duel après le festin.*

Aquarelle gouachée.

Signée et datée : *1879.*

Haut., 32 cent.; larg., 40 cent.

LAMI
(EUGÈNE)

31 — *Le Passage du gué.*

Très belle aquarelle gouachée.

Signée et datée 1880.

Haut., 22 cent.; larg., 17 cent.

LAMI
(EUGÈNE)

32 — *Cantine de chasse.*

Aquarelle gouachée.

Signée et datée 1880.

Haut., 22 cent.; larg., 17 cent.

LAUGÉE
(GEORGES)

33 — *Les trois Ages.*

Une aïeule sans force sur un fauteuil assise;
Une robuste femme, auprès d'elle, debout;
Un jeune enfant dans son berceau d'osier; c'est tout.

Salon de 1885.

Toile. Haut., 175 cent.; larg., 235 cent.

LELOIR

(LOUIS)

34 — *Le Solliciteur.*

Belle aquarelle signée et datée : *1879.*

Haut., 28 cent.; larg., 41 cent.

LELOIR

(LOUIS)

35 — *La Pythonisse.*

Belle aquarelle signée et datée : *1879.*

Haut., 35 cent.; larg., 24 cent.

DE MUNKACSY

36 — *Le Héros du village.*

Dans une auberge, des paysans hongrois
forment cercle autour d'un lutteur et d'un
autre paysan. Les deux hommes viennent de
se lancer un défi et ils sont prêts à se
mesurer, tandis que les autres attendent
l'issue du combat.
Signé à droite : *1882.*

Panneau. Haut., 120 cent.; larg., 170 cent.

PINTO

(SOUZA)

37 — *L'Hôte inconsolable*.

Toile. Haut., 124 cent.; larg.. 95 cent.

RIBOT

(THOMAS)

38 — *Jeune guerrier*.

Toile. Haut.. 50 cent.; larg.. 38 cent.

SHREYER

39 — *Une Halte l'hiver (Hongrie)*.
Signé à gauche.

Toile. Haut.. 53 cent.; larg.. 74 cent.

SEITZ

(ANTON)

40 — *Intérieur*.

Dans un intérieur, des paysans, hommes
et femmes, sont groupés autour d'une table;
à droite, l'un d'eux joue de la mandoline;
auprès de lui, une petite fille l'écoute atten-
tivement.
Signé à droite.

Panneau. Haut.. 17 cent.; larg.. 33 cent.

VERNET

(JOSEPH)

41 — *Le Naufrage.*

Signé à gauche.

Panneau. Haut., 35 cent.; larg., 49 cent.

VERNET

(JOSEPH)

42 — *Barque jetée à la côte.*

Signé à gauche.

Panneau. Haut., 35 cent.; larg., 46 cent.

YON

(EDMOND)

43 — *Bord de rivière, à Longpré.*

Paris. — Imp. G. Petit, rue Godot-de-Mauroi, 12. — 1733-95.